AF359558

COLLECTION

DE

DOCUMENTS INÉDITS

SUR L'HISTOIRE DE FRANCE,

PUBLIÉS

PAR ORDRE DU ROI

ET PAR LES SOINS

DU MINISTRE DE L'INSTRUCTION PUBLIQUE.

INSTRUCTIONS DU COMITÉ HISTORIQUE

DES ARTS ET MONUMENTS.

INSTRUCTIONS

DU COMITÉ HISTORIQUE

DES ARTS ET MONUMENTS[1].

MUSIQUE.

Parmi les monuments inédits relatifs à l'histoire des arts, il en est encore de fort importants. Je veux parler ici de tout ce qui pourra donner des notions sur les connaissances musicales des Français au moyen âge. Les manuscrits et la sculpture doivent servir à éclaircir des questions dont malheureusement on ne s'occupe pas assez.

Les documents à rechercher doivent donc, comme nous l'avons dit, se retrouver dans les anciens manuscrits et dans les représentations peintes ou sculptées de la vie de nos ancêtres.

Je vais fixer l'attention d'abord sur les documents écrits. Ils peuvent se diviser en deux classes : les traités de musique et les restes d'anciennes notations. En effet c'est en comparant ce qui est dit d'une manière théorique dans les premiers, avec ce que l'on trouve employé pratiquement dans les autres, que l'on peut arriver à quelques résultats certains.

---

[1] Les instructions sur la musique ont été rédigées par M. Bottée de Toulmon, membre du comité historique des arts et monuments.

    INSTRUCTIONS.

Bien que la musique des Grecs ne soit pas de notre ressort, elle a eu tant d'influence sur la nôtre, qu'il nous est impossible de la passer sous silence. En examinant succinctement quels sont les renseignements qui peuvent nous donner idée de sa constitution, on voit que tout est à désirer. En effet nous n'avons, pour en juger les règles, que des traités plutôt dogmatiques que théoriques, et les documents pratiques, présentant quelque authenticité, manquent complétement, puisque avec ce qui nous reste on ne peut presque rien reconstruire. Si donc un hasard inespéré faisait retrouver quelques traités oubliés ou quelques restes de la notation de cette époque reculée, la découverte serait de la plus haute importance.

Passons à des temps plus modernes : la musique n'a pas toujours été en Europe ce qu'elle est maintenant; ce n'est guère que vers le XIIIe siècle qu'elle a commencé à poser les premières bases d'après lesquelles sa constitution actuelle la rend digne du nom d'art, en se séparant de la poésie à la remorque de laquelle elle se traînait péniblement. Ce nouveau principe dans un art aussi ancien, ce fut la mesure, qui consiste dans la division d'un morceau de musique en parties toutes de même durée, bien qu'elles ne se ressemblent pas par les diverses valeurs dont chacune d'elles se trouve composée. Cette découverte qui apparaît au commencement du XIIIe siècle, comme on doit le penser d'après les pièces qui en établissent l'existence, divise naturellement la musique en plain-chant et en musique mesurée. Les traités que l'on trouvera se diviseront donc aussi d'après ces deux spécialités.

Les traités sur le plain-chant sont certainement moins intéressants et bien plus nombreux que les traités de musique mesurée. Cependant ils peuvent présenter quelques particularités digne d'intérêt. Lorsqu'on en trouvera, il faudra étudier d'abord leur époque, ensuite s'ils sont divisés par chapitres, enfin quelle est la matière de ces chapitres.

Comme au moyen âge l'église était le berceau de l'art musical, la musique ecclésiastique lui servait d'éléments ; un traité de plain-chant était donc la première méthode mise entre les mains des commençants.

Il ne me semble pas possible de mieux indiquer le contenu d'un travail semblable qu'en présentant le sommaire de deux traités qui se distinguent parmi les plus anciens. Celui de Saint-Nicet et celui d'Aurélien. Le premier est du vi⁰ siècle et le second du ix⁰.

DIVISION DES CHAPITRES DU TRAITÉ DE SAINT-NICET.

1° Argumentum. 2° Canticorum sacrorum primi auctores. 3° Davidis citharæ virtus. 4° Psalmi omni generi hominum congruunt. 5° Suntque utilitate maximâ. 6° Hymni. 7° Ipsius Christi Domini ac cœlestis exercitûs. 8° Cum quibus omnibus et nos psallimus. 9° Lectionum et hymnorum vicissitudine delectabili. 10° Qualiter psallendum. 11° Voce consonâ. 12° Ex lectione uberior orationis fructus.

DIVISION DES CHAPITRES DU TRAITÉ D'AURÉLIEN.

On voit que le premier traité est beaucoup plus vague que
le second; la manière dont son auteur disserte sur la musique
est plus spéculative que théorique. Effectivement il se ressent
encore, ainsi que tous les traités de la même époque, des ha-
bitudes des Grecs sur cette spécialité.

Le second traité, qui est du IXe siècle, est bien plus avancé;
il est plus pratique : cela devait être; la grande révolution dans
la musique sacrée, dont saint Grégoire fut l'auteur, était
opérée. Les huit tons de l'église sont bien établis du chapitre VII au chapitre XVIII.

C'était en s'écartant toutefois plus ou moins de ces deux

types qu'étaient écrits les traités de musique antérieurs au
xe siècle.

Arrivés à cette époque, nous remarquons un auteur dont
les ouvrages sont fort importants, en les considérant relative-
ment à une innovation qui se présente dans l'un d'eux. Je
veux parler de l'*Organum* ou *Diaphonie,* qu'Huchbald, moine de
Saint-Amand, expose le premier dans son Enchiridion. Cet
essai, dont l'effet devait être affreux, est l'origine de notre har-
monie. Il serait trop long d'entrer dans les détails nécessaires
pour faire connaître à quelle idée on était redevable de cette
découverte; je ferai seulement remarquer que c'est la première
fois que l'on voit apparaître dans l'histoire de la musique
l'exécution simultanée de plusieurs notes. Il est bien entendu
que du temps de ces auteurs la musique ecclésiastique est la
seule sur laquelle il nous reste des traités. Ce n'est que vers le
xiiie siècle où quelques phrases nous montrent à de longs intervalles la preuve de l'existence d'une musique mondaine; en
effet, je l'ai déjà dit, c'est à cette époque que peut se rapporter
l'origine de la musique mesurée.

Une particularité qui fait aussi remarquer le moine de Saint-
Amand, c'est la notation qu'il emploie dans quelques-uns
de ses ouvrags. Il se sert pour cet usage de la lettre F latine,
posée dans tous les sens. Au surplus, je ne parle de cette circonstance que pour mémoire; il paraît être le seul qui ait
adopté ce système; aucun autre auteur n'en parle.

Avant d'aller plus loin je crois nécessaire d'attirer l'attention des correspondants sur un point fort important de l'histoire de la musique : je veux parler de la notation dont on
se servait pour représenter les sons. On trouve dans les traités
dont je viens de parler des exemples notés avec des caractères
également employés dans les livres liturgiques de la même

époque, et cette notation se présente sous une forme où l'on n'est pas accoutumé à reconnaître de la musique. En effet les sons n'étaient pas alors représentés par des lettres, comme on le croit généralement; cette notation exista sans doute, mais ce fut postérieurement, d'une manière exceptionnelle et assez rare; à l'époque dont nous parlons, les notes musicales étaient nommées *neumes* [1].

Les neumes avaient l'aspect de notes tyronniennes. Saint Grégoire, à qui l'on attribue généralement et à tort l'usage des lettres en cette circonstance, n'employa que les neumes dans la notation de son Antiphonaire, déposé sur l'autel de Saint-Pierre à Rome. En effet le fac-simile de ce document dont on ne saurait trop déplorer la perte est à Saint-Gall, et les signes employés sont ceux dont nous donnons un spécimen (pl. I, fig. 1). La notation en usage aux IXe, X[e], XIe et XIIe siècles est constamment de cette nature. On la trouve aussi sur les dyptiques dont on se servait comme canon sur l'autel, et elle se changea ou se modifia de siècle en siècle; nous en donnons ici différents spécimens (pl. I, II, III et IV). Elle était, comme on peut le voir, disposée au-dessus du texte, et variait probablement, non-seulement selon l'époque, mais encore selon la localité.

L'idée d'après laquelle les neumes avaient été conçus n'était pas tout à fait aussi défectueuse que l'on pourrait le penser; car ils avaient sur la notation en lettres un grand avantage, le degré d'intonation était représenté par la hauteur ou l'abaissement du signe; c'était un moyen de mettre l'œil en rapport avec ce que devait percevoir l'oreille et exécuter la voix. Ce système, tout imparfait qu'il fût, était donc préférable aux

[1] Voyez Ducange, *Glossar. med. et infim. Latinit.,* au mot *Pneuma* : « Neumæ præterea « in musica dicuntur notæ quas musicales dicimus. Unde neumare est notas verbis mu- « sice decantandis superaddere. »

lettres, qui n'avaient aucune corrélation avec les sons à exécuter. Seulement ce que l'on devait craindre dans une telle
notation, c'était la négligence ou l'inhabileté des copistes, car
l'erreur était bien facile. Aussi c'est ce qui fait dire à Jean
Cotton, auteur ecclésiastique du xiie siècle : « *Que si deux per-*
« *sonnes discutent sur la valeur des neumes, l'une, s'appuyant sur*
« *l'avis de maître Trudon, et l'autre sur le sentiment d'Albinus, un*
« *troisième interlocuteur fait intervenir l'opinion. de maître Salomon.*
« *Si donc il est rare,* ajoute Cotton, *que trois s'accordent sur un*
« *même chant, encore bien moins mille.* »

On voit que la plus grande confusion régnait dans les principes de la notation ; il était réservé à un homme dont le nom
représente à l'idée une des époques importantes de la musique
au moyen âge, de venir terminer ces discussions par un moyen
fort simple ; c'est au moins à lui qu'il est attribué.

Guido d'Arezzo, moine de Pompose, dont les ouvrages paru-
rent vers le milieu du xie siècle, imagina de placer les neumes
dans un système de lignes, en se servant en même temps des
intervalles que ces lignes laissaient entre elles, de manière à
fixer positivement la place que devait occuper chaque neume.
On doit à Guido une autre amélioration fort importante : elle
consistait à tracer deux lignes de différentes couleurs, une
rouge et une jaune ou verte, alternativement avec les autres.
La première de ces lignes colorées indiquait ordinairement
que la note placée dans son trajet était la note *fa,* et la ligne
jaune ou verte était alors réservée à l'*ut ;* précédemment, une
lettre au commencement de chaque ligne désignait le nom
de chaque note (pl. IV, fig. 1 et 2).

Il ne faut pas croire que tous les manuscrits où l'on trouve
les traités de Guido soient notés ainsi ; le plus ancien que je
connaisse est celui de l'abbaye de Saint-Evroult, actuelle-

8 INSTRUCTIONS.

ment à la Bibliothèque royale, supplément latin n° 1017. La
première partie de ce précieux document est du commencement du xiie siècle (pl. IV, fig. 1). Ce manuscrit, dans lequel
les neumes sont placés dans des lignes, est remarquable par
la présence des lignes rouges et vertes. L'ancienne routine se
prolongea longtemps encore, et, lorsqu'on voudra fixer l'âge
d'un manuscrit d'après ce renseignement, il faudra bien examiner la localité présumée de son origine, en faisant concorder
les présentes observations avec celles fournies par la paléographie et les ornements des manuscrits; moyen dont l'apprécia-
tion deviendra plus facile par la publication des ouvrages
importants qui se préparent à ce sujet[1]. Ce n'est qu'à partir du
xiiie siècle que les traités de musique et la liturgie ecclésiastique présentent des notes carrées sur quatre ou cinq lignes;
car le nombre de ces dernières n'était pas déterminé d'une
manière invariable.

Les traités de musique, un siècle après l'époque de Guido,
commencent ordinairement par l'exposition fort obscure du
système faussement attribué à cet auteur, puisque ce n'est
qu'un siècle après lui, dans le courant du xiie, qu'on le voit
paraître.

Il était représenté par une main gauche dont les articula-
tions servaient à fixer dans la mémoire les notes de la gamme
d'après un mécanisme fort compliqué, et cependant rendu
nécessaire par l'absence inconcevable de la septième note *si;*
c'est cette maladroite omission qui a donné lieu au système
des *muances,* imaginé pour suppléer au demi-ton qui existe
entre la septième et la huitième note de notre gamme. En

---

[1] *Éléments de Paléographie,* par M. de Wailly; *Peintures et ornements des manuscrits,* par
M. de Bastard.

raison de ce système on a été obligé d'inventer les propriétés
de *bécarre*, de *nature* et de *bémol* (voy. pl. III, fig. 2).

C'est ordinairement par l'exposition de ce principe, auquel
se rattache ce que l'on appelait *musique feinte, musica ficta*,
que commence tout traité de musique. Les chapitres suivants
sont ordinairement consacrés au développement des tons de
l'église; on y trouve les règles d'après lesquelles ils sont cons-
titués, ainsi que les chants ecclésiastiques écrits d'après leurs
principes, et les différences admises dans la composition de
ces derniers. Le tout est ordinairement accompagné de ré-
flexions vagues sur les auteurs présumés de la musique, parmi
lesquels on place toujours Tubal et Moyse, et sur l'excellence
de cet art.

Les traités de plain-chant se maintiennent dans ce système,
avec plus ou moins de développement, jusqu'au xviie siècle,
époque à laquelle ils sont regardés comme faisant partie d'une
spécialité toute particulière de l'art musical.

En revenant à parler de l'état de la musique où je l'ai laissée
au xiie siècle, je rappellerai ce que j'ai déjà dit plus haut:
c'est environ cent ans après que paraissent les premiers traités
de musique mesurée.

Il est fort difficile d'indiquer avec précision la manière dont
ils sont conçus. Les auteurs, sur cette matière, divisaient
ordinairement leurs travaux en deux sections; la mesure
comme on l'entendait alors faisait à elle seule l'objet d'un ou-
vrage séparé, et le contre-point ou composition de cette
époque en formait un autre. On les trouve au surplus aussi
souvent réunis que séparés.

Les traités sur la mesure comprenaient ordinairement,
après l'exposition des figures ou notes musicales, les principes
de division relatifs à chaque note; la LONGUE était régie par le

mode, la BRÈVE par le *temps* et la SEMI-BRÈVE par la *prolation.*
Les règles sur la valeur des notes étaient fort nombreuses, les
premières étaient ordinairement relatives aux *ligatures,* d'a-
près lesquelles les notes liées ensemble dans la même figure
variaient de valeur. Venaient ensuite les chapitres de la *per-
fection,* de l'*imperfection* et de l'*altération;* c'étaient autant de
principes par lesquels la valeur des notes changeait en raison
de la place qu'elles occupaient, en considérant la note qui
précédait comme celle qui suivait. Ces règles étaient ordinairement suivies de celles qui régissaient les différentes valeurs du *point,* comme aussi la *diminution,* qui divisait par
moitié ou par tiers toutes les notes à la fois. La division par
tiers n'eut lieu qu'antérieurement au xv* siècle. Le chapitre
qui terminait était ordinairement réservé aux *pauses.* Je ne
parle pas ici des *proportions* qui ont rendu si difficile la traduction des morceaux de musique du xvi* siècle, car elles
n'ont commencé à être en usage qu'à la fin du xv*, et la présence de l'imprimerie fait sortir cette circonstance du cadre
dans lequel nous nous renfermons ici.

Les plus anciens traités de contre-point sont généralement
fort vagues; ils présentent des règles qui ne sont que des for-
mules. Un plain-chant à accompagner, et que dans ce cas l'on
nommait *ténor,* est presque toujours ce qui constitue la composition de cette époque. On indique le plus souvent les
intervalles harmoniques à adopter d'après les intervalles
mélodiques. Ainsi, dans un des plus anciens traités de contre-
point en langue vulgaire (il est du xiii* siècle), l'auteur s'ex-
prime en ces termes:

« Quiconque veut déchanter, il doit premiers savoir qu'est
« quand et double, quand est la quinte note, et double est la
« witisme, et doit regarder se li chans monte ou avale: se il

« monte, nous devons prendre la double note ; se il avale, nous
« devons prendre la quinte note. Se li chant monte d'une note,
« si comme *ut re*, on doit prendre le déchant du double deseure,
« et descendre deux notes, si comme il appert, etc. » Dans le
reste du traité les différents mouvements de la voix du chant
ou ténor sont à peu près tous prévus, et les règles des intervalles harmoniques à adopter sont fixées d'avance.

Dans les traités anciens, les intervalles sont divisés en *concordances* et en *discordances*. Les premières sont de trois espèces :
les parfaites, les imparfaites et les moyennes. Les discordances
pouvaient être parfaites et imparfaites. Viennent ensuite des
règles, plus compliquées que les précédentes, sur les concordances, toujours d'après le mouvement du ténor.

La réunion du ténor et des intervalles accompagnants
constituait donc le contre-point, qui se divisait alors en diverses espèces. Vers le xvᵉ siècle, les traités de contre-point sont
beaucoup plus développés ; ils indiquent les concordances que
l'on devait choisir dans le courant d'un morceau, comme
aussi celles à adopter pour le commencer et le finir, etc ; le
tout est mêlé de chapitres dans lesquels chaque concordance
et chaque discordance est examinée particulièrement. Au surplus, tous ces détails sont d'autant plus abondants que le
traité est plus complet. C'est avec toutes ces circonstances que
se présente celui de Gafforio, imprimé pour la première fois
en 1496.

Nous allons examiner maintenant les restes de la musique
pratique. Celle qui peut avoir quelque intérêt, la musique
mesurée, nous l'avons déjà dit plusieurs fois, ne date que du
xɪɪɪᵉ siècle. Toute musique avec des paroles en langue vulgaire
est le plus souvent mesurée. Lorsqu'on en trouvera, il faudra
la copier avec la plus grande exactitude, mettre les points où

ils se trouvent dans l'original; il est essentiel que les queues soient exactement conservées dans leurs positions et leurs dimensions; la valeur d'une note étant changée par la position mal observée d'une queue. Une négligence de cette espèce suffit pour rendre impossible la traduction de tout un morceau; car il serait encore plus difficile de trouver la place d'une valeur omise dans un morceau d'ancienne musique, que de restituer de nos jours une valeur passée dans un morceau, dont on aurait même supprimé les barres de mesure: plusieurs siècles s'étant écoulés avant l'emploi de ce moyen pour établir la mesure.

La musique mesurée se rencontre dans les manuscrits en parties séparées, copiées en regard ou à la suite les unes des autres. Lorsque deux morceaux se suivent avec les mêmes paroles et des clefs différentes, on peut présumer qu'ils font partie de la même composition, lorsque la nature du manuscrit ne détruit pas d'ailleurs cette supposition. Cependant il ne faut pas croire que les morceaux du xiiie siècle ne se présentent qu'avec cette circonstance; car il en existait alors dont la nature même admettait précisément des paroles différentes pour chaque exécutant; comme aussi une partie pouvait avoir des paroles, et l'autre en être privée.

Enfin parmi les renseignements que l'on donnera sur les manuscrits dans lesquels on aura découvert d'anciens traités ou des fragments de notation, il est essentiel d'indiquer les bibliothèques où ils se trouvent, sous quel numéro ils sont inscrits, leur origine, ou, si on l'ignore, exposer les raisons d'après lesquelles on peut l'établir.

Je finirai en parlant des représentations relatives à l'art musical que peuvent nous présenter les miniatures, les vitraux et les bas-reliefs ou sculptures du moyen âge; on en trouve souvent dans la partie élevée des vitraux représentant des paradis, ainsi que dans les apothéoses de la Vierge.

Lorsqu'on en rencontrera il faudra bien préciser dans le rapport que l'on en fera la position des exécutants les uns par rapport aux autres; s'ils chantent ou s'ils emploient des instruments; dans ce dernier cas, les décrire un à un, ou mieux encore les représenter par un dessin très-fidèle; préciser le nombre de cordes, de chevilles ou de trous, comme aussi la forme de chaque instrument, si ces détails peuvent être appréciés; la manière dont il est joué et dont les mains de l'exécutant sont posées; enfin annoncer si la forme en est connue ou non. Nous mettons sous les yeux des correspondants plusieurs dessins qui représentent les principaux instruments du moyen âge (pl. V, VI et VII).

Je ne dois pas terminer sans faire observer que les recherches pour découvrir les documents que je viens de signaler doivent s'étendre aux objets qui semblent avoir le moins de rapport avec notre spécialité. En effet les fragments d'ancienne notation se rencontrent non-seulement dans les manuscrits relatifs à la musique, mais encore sur les parchemins employés par les relieurs, comme aussi en fragments isolés dans les manuscrits étrangers à l'art qui nous occupe. Enfin les représentations d'instruments se retrouvent non-seulement sur nos anciens monuments, mais encore sur les vieux meubles, les bois sculptés et les objets d'art de toute espèce. Je finirai par l'assurance qu'aucun détail ne paraîtra puéril ou superflu dans cette partie, où presque tout est encore dans le vague et l'incertitude.

APPENDICE.

PLANCHES DES *FAC-SIMILE* [1].

Pl. I. Fig. 1. Spécimen d'un Antiphonaire copié sur l'original déposé par saint Grégoire sur l'autel de Saint-Pierre de Rome. Cet Antiphonaire, apporté dans le viiie siècle à l'abbaye de Saint-Gall, se trouve encore dans la bibliothèque de ce couvent sous le n° 359.

> La communication de cette pièce importante est due à l'obligeance de M. le conseiller aulique G.-R. Kiesewetter, membre correspondant du comité, à Vienne.

Fig. 2. Tiré du ms. n° 192, bibliothèque de l'Arsenal.

Pl. II. Fig. 1. Fragment du Martyre des Vierges folles, tiré du ms. n° 1139, ancien fonds latin, Bibliothèque royale, autrefois à Saint-Martial de Limoges.

Fig. 2. Tiré du ms. n° 7202, ancien fonds latin, Biblioth. royale.

Pl. III. Fig. 2. Tiré du ms. n° 5344, ancien fonds latin, Biblioth. royale.

Pl. IV. Fig. 1. Tiré d'un ms. intitulé *Guidonis opera*, n° 1017 supp[t] latin, Bibliothèque royale, autrefois à Saint-Évroult.

Fig. 2. Tiré d'un fragment de couverture, aujourd'hui à la Bibliothèque royale, dans un carton de feuilles séparées, relatives aux anciennes notations musicales.

Pl. V. Pl. VI. Pl. VII. Les diverses figures d'instruments publiés sur ces trois planches sont tirées de manuscrits et de monuments indiqués sur les planches elles-mêmes.

---

[1] On s'est attaché principalement à reproduire le type de la notation de chaque époque, bien que l'écriture qui l'accompagne présente quelquefois des doutes sur la date qui lui est attribuée.

IMPRIMERIE ROYALE. — Avril 1839.

VIII.ᵐᵉ Siècle.

Fig. 1.

Ostende nobis domine misericordiam
tu am & salutare
tu um
nobis.

IX.ᵐᵉ Siècle.

Fig. 2.

Benedictus sit deus pater unigenitusque dei filius sanctusquoq;
spiritus quia fecit nobiscum misericordiam suam. ⷡ Benedi
camus patrem & filium cum san cto spiritu laudemus & super
exaltemus eum in secula.

Fac-simile par F. Lepelle.   Lith de J. Letronne, à Paris.

Xme Siècle.

XIme Siècle.

XIIme Siècle.

Fig. 1.

Bea̅s aisuir maurius clarissimo genere exortus sco̅ benedicto nuarien us
apareutibus est cradicus. P clois am P Beaususiur Q̅ in eum adhuc.
uunor bouis polleret mouib; magistri cepic aduitor existere et euis miraculo
co opatoe ee. P clois am. P Quare Hunc sanccus benedicus ita incli serui—
tio diligencer informauit ut nemini post ipsum insancta obseruatione fuerit
secundus. P clois am Cummuocare Coruus namque ppriuim teuiuiis absti
nencia atque uigilus ceuimus semp eetoma bat frigouibus. P Verba mea.
P scop̅ am̅; Exemplo magistri siu puocaus iuctessincer carnem macerabat.
P clois am P dn̅e du̅su As ergo plennier excrescens uuriutib; sancceo bene

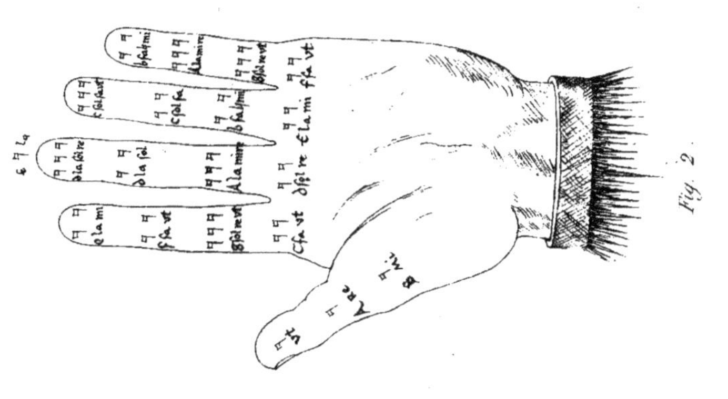

Fig. 2.

XIIme Siècle.

Fig. 1.

ligne verte
ligne rouge

Alle lu ia. V Mag nus sanctus

ligne rouge

ligne verte
ligne rouge

pau lus uas electi o nis

utre

ligne verte
ligne rouge

digne

est glo ri fi candus.

XIIIme Siècle.

Fig. 2.

ligne rouge
ligne jaune

Alle lu ia

ligne jaune
ligne rouge

Martinus episcopus migrauit a[secu]li . o

ligne jaune
ligne rouge

uiuit in eis

ligne jaune
ligne rouge

sto/gem

ligne jaune
ligne rouge

ma sacerdotum . seqn .

ligne jaune
ligne rouge

Sacerdotem xpisti martinum cuncta per or

ligne jaune
ligne rouge

bem canat ecclesia pacis catholice. Atque

ligne jaune
ligne rouge

nomen omnis hereticus fugiat pallidus.

ligne jaune
ligne rouge

Pannonia letetur genitrix talis filii. Italia

ligne jaune
ligne rouge

exultet alitrix tanti iuuenis. Et galliae ru//

ligne jaune
ligne rouge

na diuiuo sacro certet litigio cuius esse de

Fac-simile par F. Lepelle.   Lith. de L. Letronne, à Paris.

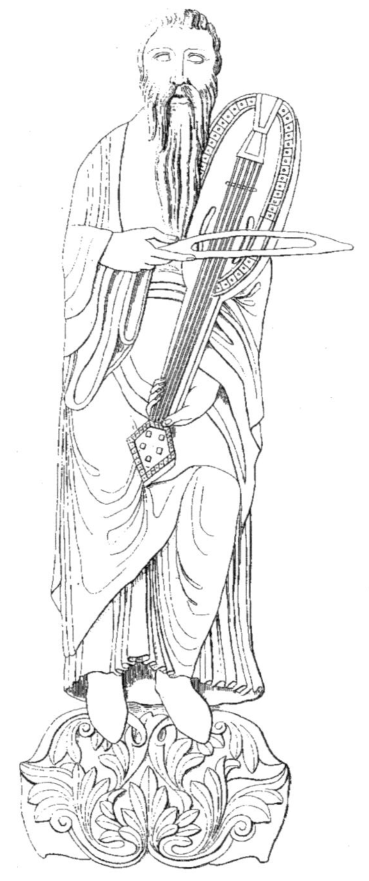

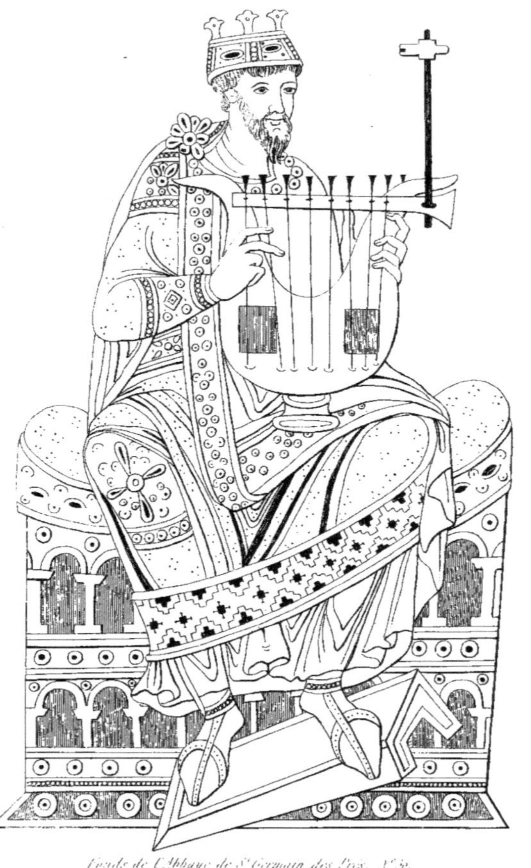

Fonds de l'Abbaye de St Germain des Prés. n°30.

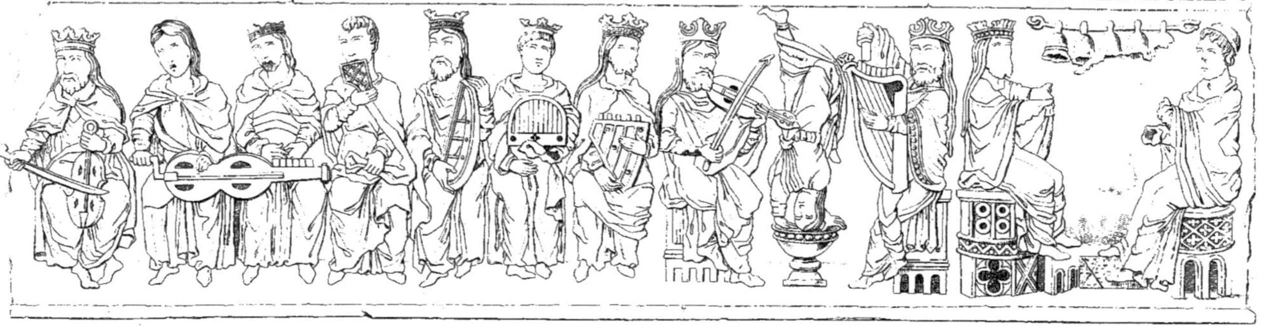

Manuscrit N° 7211

Tiré d'un Bassin en Email trouvé à Soissons.

Manuscrit N° 6737. 3

Chapiteau de St Georges de Boscherville. XIe Siècle.

Manuscrit du XII.ᵉ Siècle.

Tiré d'un
Manuscrit du VII.ᵉ Siècle.

Manuscrit du XII.ᵉ Siècle.

Manuscrit du XII.ᵉ Siècle.

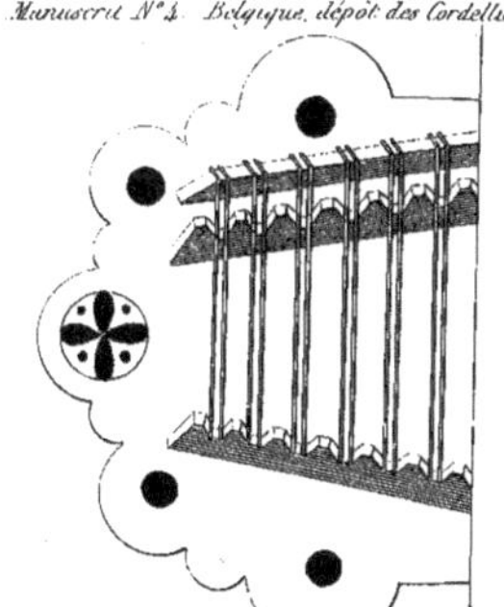

Évangile de Lothaire N.ᵒ 266.

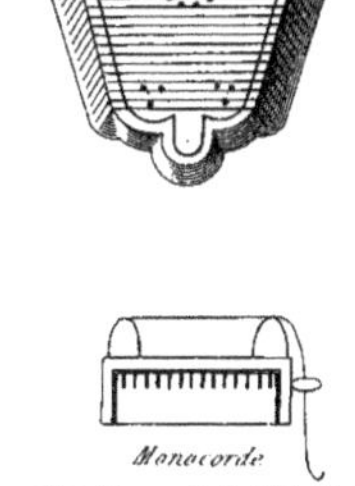

Manuscrit N.ᵒ 4. Belgique, dépôt des Cordelliers.

Manuscrit du XII.ᵉ Siècle.

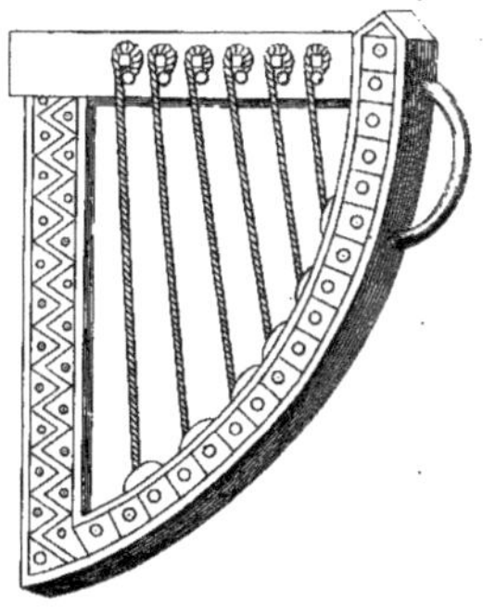

Monocorde
d'un Manuscrit du VIII.ᵉ Siècle.

Exemples
de
Musique
et de
Notation Musicale
dans les
12.ᵉ 13.ᵉ et 14.ᵉ
Siècles.

2

Ro bins mai me Robins ma Robins ma

de man de e si ma ra Ro bins ma ca

ta co të le descar la te bonne et bele

souskra nie et chaintu re le a leur i va

Ro bins maime Ro bins ma Robins ma

de man de e si ma ra.

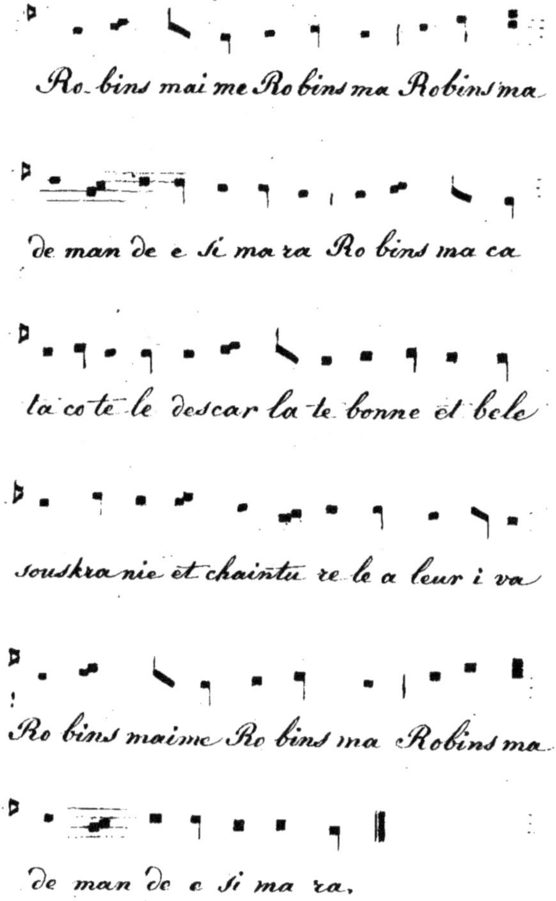

Traduction.
Robins m'ai-me Robins m'a Robins m'a 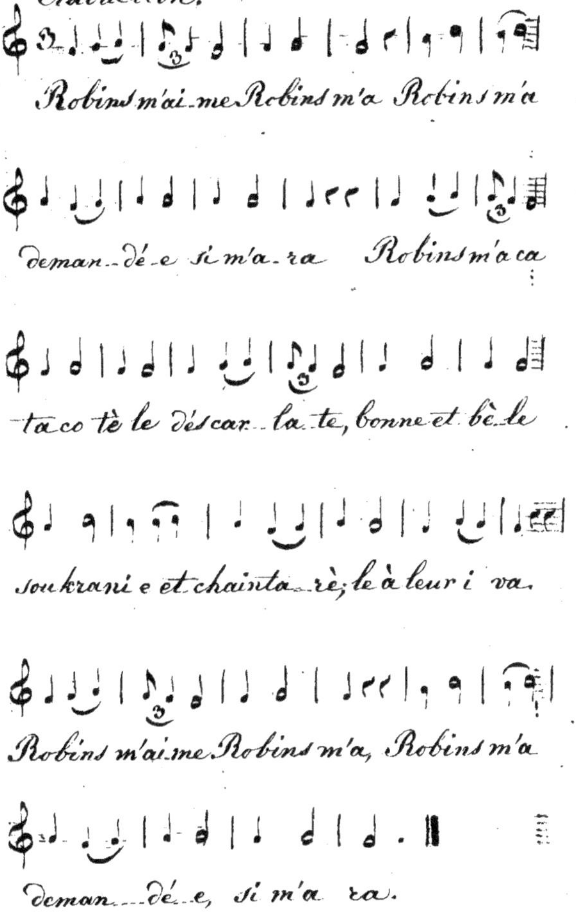
deman-dé-e si m'a-ra   Robins m'a ca
-ta co tè le dés car-la te, bonne et bè le
sou krani e et chainta-rè; lè à leur i va.
Robins m'ai-me Robins m'a, Robins m'a
deman-dé-e, si m'a ra.

4. N.º 2. Mss. 3609 F.º 370. r.º

Jaim la flour de va lour sans fo......lour

et la our nuit et jour par savour cor d'atour de

coulour de doucour et dodour a loimour ne mil

lour nest de li pour ce en lan jour weil bien

morir pour sa mour.

N.º 3. Mss. 7609 F.º 74. r.º

L'amia vous sant retollir dongeuer pensée desir corps et amour comme atrute

la millour quon poist choi......sir ne qui vivre ne morir poist a ce jour

Traduction.

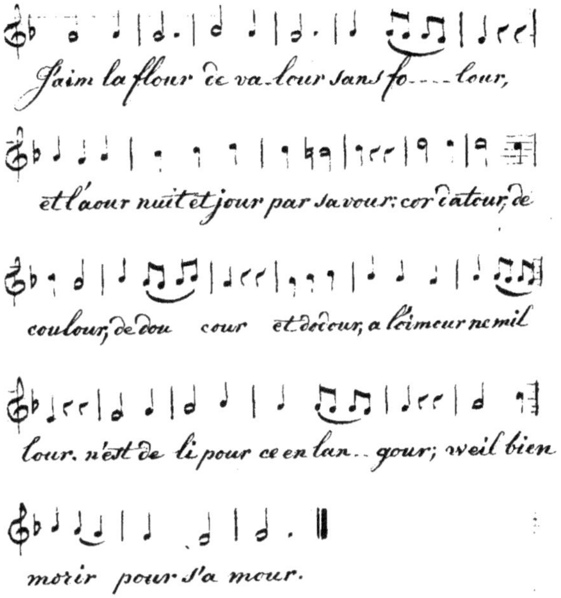

Traduction.

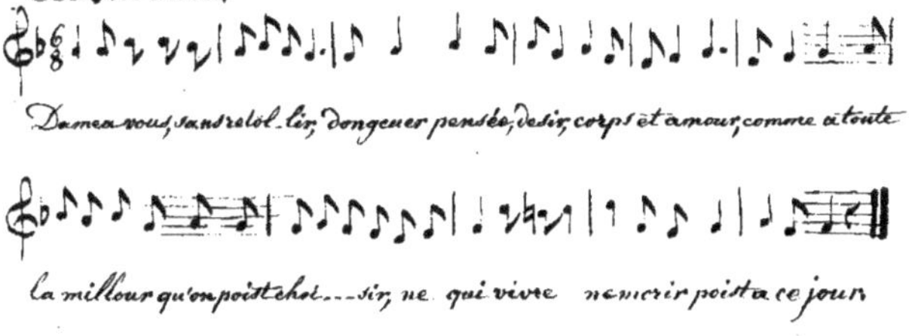

N.° 4.

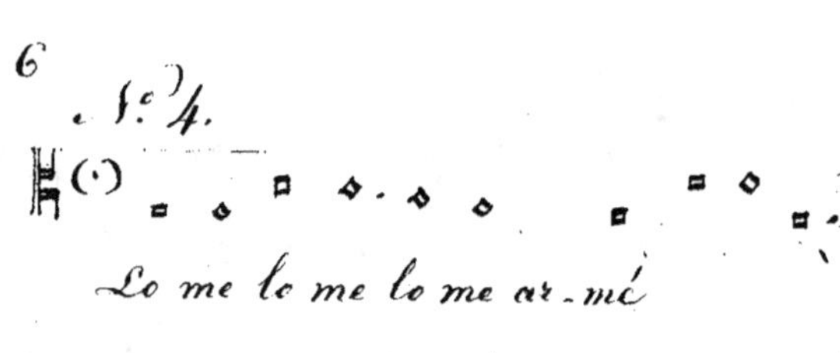

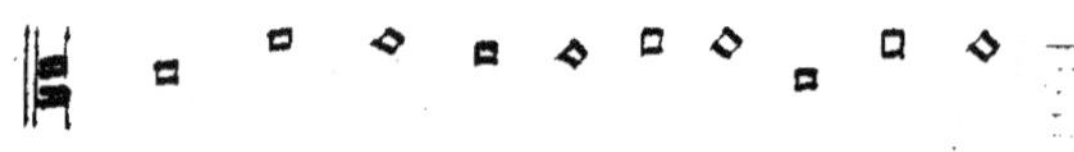

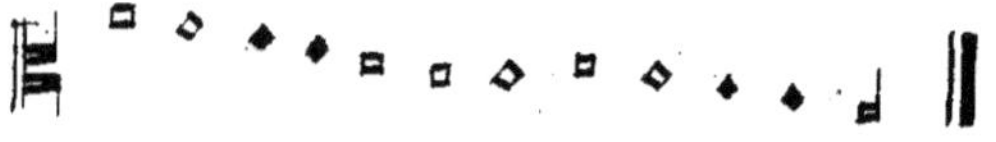

Traduction.

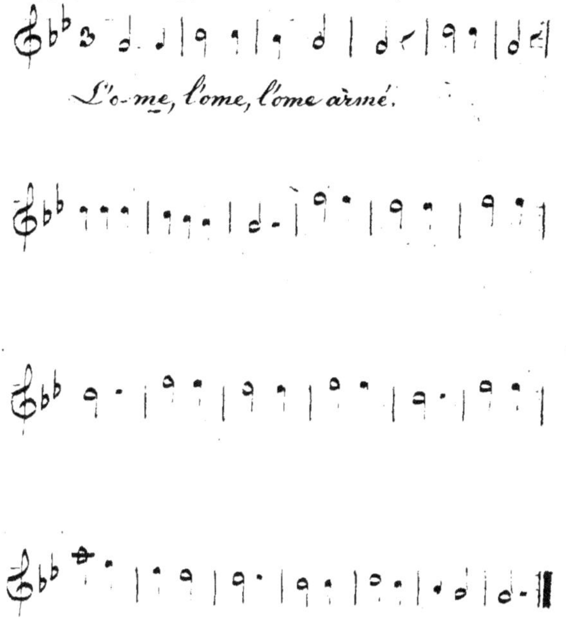